Der Weg zum Himmel

Wolfgang Linke

Der Weg zum Himmel

Gedichte

München 2021

Bisherige Veröffentlichungen:
Sieben mal sieben. Neunundvierzig Gedichte (2010)
In die Nacht hören. Einundfünfzig Gedichte (2011)
Tausend Winter. Hundert Gedichte (2013)

Bibliografische Information der Deutschen Nationalbibliothek: Die Deutsche Nationalbibliothek verzeichnet diese Publikation in der Deutschen Nationalbibliografie; detaillierte bibliografische Daten sind im Internet über dnb.dnb.de abrufbar.

© 2021 Wolfgang Linke
Herstellung und Verlag: BoD – Books on Demand, Norderstedt
ISBN: 9783754308721

Dem Andenken meines Vaters

Manfred Linke (1940-2021)

allein

gäbe es etwas
zu sagen über uns
müsste es ohne worte sein
alles wurde gesagt
uns versiegelten
der rest
einem verspiegelten
stein
das letzte
in uns gehört
uns allein

vergessen

die oma starb
vor neununddreißig
jahren einen üblen
tod
Gott weiß zu
welchem ende

irgendwelche hände
wollen sie vergessen
machen

Gott weiß warum
ich weiß es auch
wer weiß wer noch

ein böser witz

ich gäb was drum
wenn ich ihn
ganz verstände.

skandal

der tod ist
ein skandal, genau,
nichts anderes, ein
teil der schande
die ich bin.

aufschrift

was du aufschreibst
ist die aufschrift auf
dem nichts die
dich zu sein ver-
pflichtet
kein stein blieb
je auf dir und keiner
auf den anderen.

nichts

wer nichts zu sagen hat
schweigt; wer viel zu
sagen hat schweigt
noch mehr; denn wer
redet versteht sich
selbst; wer schweigt
aber sehr viel mehr.

entzwei

warum habe ich nicht
gesprochen
als noch sprache war
zwischen uns

am ende warst du
zerbrochen

und nichts mehr war
zwischen uns

genug

Gott spricht

was du tust
weiß er nicht
wüsste ers
wüsste er mehr
von dir

mehr als
genug

seele

eine große seele ging von uns
es bleibt erinnerung
wer warst du?
sags mir dort
wo wir uns wiedersehn
an einem ort
wo wir vielleicht verstehn
woher du kamst

fernen

du bist dagewesen
und bist da
und in den fernen
hinter den sternen
bist du nah
und hörst vielleicht was ich
zu sagen habe
und weißt was ich nicht
zu sagen habe
und sagst vielleicht
ja
zu mir

keine worte

keine worte zwischen
uns wird vielleicht
anders
wenn Gott
uns eins und alles
sein lässt
und er
uns ausspricht

nackt

du kamst nackt
du gingst nackt
was bleibt sind
deine sachen
was solln wir damit
machen
etwa ein feuer entfachen
in unserer seele?

nach hause

was warst du mir

ein schweres wort
ein ferner ort
gingst fort und fort

von mir

ich bin hier
wer warst du mir
du warst von dort
und gingst nach hause
ohne zeit und ort

und bist bei dir

drachen

im anfang war vieles
möglich

möglich dass du
den drachen sahst

in mir vor fünfzig jahren
als wir einander gebaren

möglich dass er
wir beide waren

klein

wir standen um
zu stehn
und gingen um
wegzugehn
zu klein war
jeder ort
in uns
für uns
beide

näher

jetzt kann ich mich
dir schweigend nähern
wortlos
ortlos
in den räumen
der ewigkeit
macht uns Gott
bereit

tief

ganz tief muss
man in sich
hineinhören

das schweigen
der ewigkeit
zu vernehmen

und völlig
sprachlos sein

trauer

das unsagbare
will gesagt sein

um fassung die
trauer ringt
die die begabung
in worte bringt

um trotzdem
zu scheitern

unbekannt

du bist gestorben
ich sagte dann zu dir
machs gut
da warst du aber schon
in Gottes hand
und was man so
hier unten tut
bleibt oben
unbekannt
es sei denn
es wäre ihm
urverwandt

frieden

ich frage mich
und dich was du
jetzt tust
ob du
in frieden ruhst
ob es
gesagt werden kann
was du tust
oder sich entzieht

engel

am anfang wolltest du
vieles sagen
dein engel stand für
uns ein
nun bist du ihm ähnlich
geworden
und mit mir
allein

gedanken

manchmal leide ich
auch schon
dann denke ich
an dich und
mich und weiß
wohin es führt
wenn man ganz ungerührt
vom andern lässt
an was für ränder

stimme

eine große stimme
ist verstummt
ein großes feuer
erloschen
eine große einsamkeit
beendet

nun leuchte

macht

der tod hat keine
macht über uns

hast du gesehn
wie er sich
heranschlich

kommen da
zweifel auf.

untergang

die gewalt des
untergangs der
ein anfang ist
legt nahe
je größer die gewalt
desto größer
der anfang

kosmos

wie ein kosmos
vergeht bist du
vergangen
ewig vor Gott
gegenwärtig
nicht mehr
bedürftig
deiner selbst

stille

du kamst von Gott
und gingst vorüber
hier im stillen
er nahm dich
wieder an
und sagte mir
und dir
manche sind
die ich um meiner
selbst willen
nicht
verlieren kann

erfroren

ich habe dich verloren
und habe mir geschworen
auch ich bin ungeboren
und vor den toren
dieser welt erfroren

das war der sinn
der uns begegnete
der auf uns regnete
seit anbeginn
seit Gott uns segnete.

gebet

jetzt zählt
ein gebet für dich
vielleicht so viel
wie hundert worte
der ohnmacht
im chor
zuvor

gedichte

lange gedichte
langweilen und weilen
kurz

kurze gedichte
kurzweilen und weilen
lang

keine gedichte
weilen und weilen
ewig und heilen

hast du gesagt

träne

ohne bedenken
ohne bedenkzeit
ohne zeit
nähern wir uns
einander an
wort für wort
ort für ort
träne für träne

stunde

was von dir bleibt
ist viel zu viel
und viel zu wenig
eine stunde in
deinem leben
war meine
eine stunde
vor deinem tod

schmerz

der schmerz geht
wie du gegangen bist
das leben geht zwar
weiter doch hat es
als begleiter nun
die erinnerung die
steht und hält
sich fest am augen-
blick und an
sich selbst

wille

du wolltest leben
ich hatte dir nichts
zu geben

du wolltest sterben
ich hatte dir nichts
zu vererben

außer dich aufzuheben
im herzen eines gedichts.

unerklärlich

bevor du verblasst
und nicht mehr
bei mir bist
muss ich verstehen
dich und mich
und was du mir
gegeben hast
an unerklärlichem
von diesem und jenem
und deinem und
großem und spärlichem

abschied

als ich dir die
hand gab wie
zum abschied
da stand nichts
mehr zwischen uns
außer vielleicht
der tod

tage

du hast mich alle
tage geliebt
und zwischen uns
stand keine frage
denn du hast
Gott geliebt
und zwischen euch
stand ich.

erst

um dir schreiben
zu können muss ich dich
erst erleiden
um dich lieben
zu können
erst sterben

früher

früher standst
du hinter mir um
mich zu stützen
später standst
du nirgendwo
und unerreicht
zu leicht
dich zu beschützen

welten

welten trennten
uns von zeit zu zeit
welten die nichts
mehr gelten
in der ewigkeit

umsonst

wenn nicht wenigstens
ich erkannt hätte
wessen geistes du bist
hättest du fast
umsonst gelebt
wenn nicht wenigstens
Gott deinen namen
genannt hätte
wärest du fast
umsonst gestorben

zeichen

Gott gab mir ein zeichen
dass du nicht
gerichtet wurdest

wem sollte ich glauben
außer ihm?

himmel

der himmel ist
nicht hier oder dort
er ist im wort
der macht
der liebe
allein
so wie
du

nein

dein grab bekommt
jetzt einen stein
da steht ich bin
nicht da sucht mich
im land der lebenden

verlust

die trauer ist der
spiegel des verlusts
und ihre dauer ist
der riegel zwischen
deinem und meinem
sein der einen und
der andern welt
anfang des lichts
dann wir und sie
und weiter nichts

mein und dein

lange warst du fern
am ende warst du
nah und ich nahm gern
was hinter allen worten war
zu mir
und nahm von dir was mir
gehört und lieh mir
deinen tod.

alpha

durchs zwölfte tor gingst du
an diesem tag war alpha
der engel stand davor
und schwieg

wohnung

wo du wohntest ist jetzt ein loch
die dort sind sind dort
nur noch
und wollen dich
wohl behalten
in einer
deiner gestalten

E.

vielleicht hast du sie
schon getroffen
die dir den weg wies
nach dort
einem ewigen ort
für euch beide

geschwätz

es könnte auch sein
dass du tot bist
ganz tot und Gott
nur geschwätz
dann wäre dein leben sinn-
los geblieben so wie
dein tod und alle
und alles aber dann
würde es keine liebe
geben und niemand
hätte von dir geschrieben.

erwählung

was wäre wenn ich
else fände und erzählte
was geschah? dann käme
die erinnerung an deine
welt in bessre hände
als bloß meine weil
sie dich schon vor mir
sah und dich erwählte.

antwort

was du ertragen hast
konntest du mir nicht sagen
denn an all den tagen
wuchsen die klagen
schweigend hinaus über dich
und alle fragen
kamen vor Gott
und blieben dort
und die antwort war laut
und lauter und holte dich
ein und holte dich
den heimatlosen heim.

trost

am ende war keine frage mehr
am ende weinte ich sehr
am ende der zeit für dich
am ende der trost für mich

faden

viel ist vergangen jahre
und dinge und menschen
und was uns verband
von land zu land war nicht
von menschenhand von
rand zu rand war ein
faden gespannt ein faden
von einem hochzeitsgewand
so hättest es du genannt
ich nenne es seelenverwandt.

erlöst

eine stunde lang
war ich ein trost für dich
eine sekunde lang
war der trost entblößt
und du erlöst

satt

du hattest es einfach satt
feiste hände befingerten dich
und nahmen dein geld dafür
irgendwie eine üble komödie
um krankheit und tod
in deiner not hofftest du
auf ein ende auf hoheit
statt niedrigkeit die alles
entschlüsselnde wende.

inschrift

hier ruht niemand
unfassbare heimholung
fand statt
Gott weiß wie

geist

dein geist ist von
sehr eigner art was
du geschrieben hast
ist mir geblieben und
leuchtet ununtertrieben
dir nach ins heimat-
land wo du wohnst
in deines vaters haus
ewig um zu lieben.

verhüllt

du hast dich vielleicht
in den himmel hineingeschrieben
von deinen nächsten unerreicht
wird Gott dich ewig lieben

um deiner werke willen
wird er den hunger stillen
der dich getrieben
hat dich zu verhüllen

vor der welt
vor allem was ihr gefällt

für das was dem himmel gleicht
ihn zu erfüllen.

spiegel

kurz sei ein gedicht
und wahr und hart

sonst ists kein spiegel
andrer art um außer sich

zu sein und außerhalb
der welt wofür es sich

auch lohnt zu sein und
schweigend dann zu sterben.

mutter

wenn ich zu deiner mutter
fahre frage ich sie ob du
sie schon gesehen hast
und ob die herrlichkeit
größer ist die du siehst
als die ewigkeit weit
oder der himmel schön.

atem

wenn du erlitten hast
was aufs papier kam
dann glaube ich dir
dass es dir fast
den atem nahm

liebe

ich weiß du liebtest mich
das schweigen zwischen uns
war deine liebe das schweigen
in uns war verstand das
schweigen um uns war die lüge.

füreinander

worte sind orte zu sagen
was unsagbar ist so wie
der tod und was um ihn
ist die finsternis oder der
seele nacht und ihre pforte
was für orte die in uns
sind wo wir einander sehn und
doch nicht sehn verstehn
und doch nicht stehn für
wahrheit und füreinander
ein in der not wird der mensch
mensch und zeigt sich
und neigt sich und steigt
nach oben wo keine worte
und keine orte mehr sind
sondern das heil.

tonne

die tonne wahnsinn ist
wie blei sie macht dich
frei zu sagen es ist schwer
zu sein und schwer zu
gehn denn leer ist ihr
herz von vielerlei und blei
bedeckt ihr grab und deins
und ihren und meinen schmerz.

mitte

aus deiner mitte
stürztest du
in die äußerste tiefe
als ob dein engel
schliefe
doch Gott hielt dich

finger

sich kurz zu fassen
bevor man fassungslos
erfasst wird
von der einen stunde

mag schwer sein doch
gelang dir
du legtest den finger
in keine wunde

und während du
um fassung rangst
fragte ich mich
wer ist der kranke hier

und wer der gesunde

leben

maria half dir
in der not sie sprach
zu ihrem sohn
ist euer beider tod
schon einer
so schenke ihm
dein leben.

nähe

in der nähe:
besser ist es zu schweigen
als zu vermuten es geschähe
dieses oder jenes
wenn dieser oder jener stirbt
beginnt der himmel sich
zu neigen
er will uns zeigen
seht einer von uns
seht einer von euch

wenn einer von euch
es sähe.

du

die ganze vergeblichkeit deines tuns
wird aufgehoben durch
die erheblichkeit deines daseins
die erstaunlichkeit deines leidens
die unverfügbarkeit deines todes

wer du warst wissen wir nicht
denn niemand hat dich erforscht
wer du sein wirst erahnen wir bloß
ein funke von licht der herüberbricht
so drüben, so du, so groß.

etwas das sprachlos macht
jemand der feuer entfacht
und uns und unsere seelen.

jahre

irgendwie war die welt
kein ort für dich und ihr beide
füreinander ohne sinn

fast unerkannt gingst du
hindurch und blicktest
unverwandt zurück

auf deinen und ihren
beginn ein wenig glück
und „lächerliche jahre"

rätsel

wir waren einander
ein rätsel hier
und sind einander
geheimnis dort
so war ich dir und
warst du mir ein
jeweils unzugänglicher
ort; oben geboren
unten verloren von
Gott erkoren alles
zu erben: doch
vorher müssen wir
beide sterben.

alles

weil von „außen" gesehen
die zeit nichts ist
bedeutet sie „innen" alles
weil von außen gesehen
der tod verschwindet
bedeutet er innen alles
weil von außen gesehen
alles verschwindet
kommt nach außen nur
der verschwundene
der alles überwindet.

licht

das ewige licht
leuchte dir ins
land der verheißung
wo alles dein ist
was du entbehrtest
wo alles licht ist
was du verehrtest

tausend

tausend jahre sind um
tausend worte sind fort
tausend gedichte sind voll
tausend gebete erhört
tausend mal tausend mal
tausend ist nichts
am ursprung des lichts

vermächtnis

die erinnerung der
erde an dich
erlischt
die erinnerung des
himmels an dich
vermischt
sich mit meiner
und keiner erinnerung
zu ewigem gedächtnis.

zukunft

vor achtzehn jahren genau
wünschtest du dir
noch ein paar gute jahre
ich dachte mir damals schau
in die zukunft oder lieber
nicht oder aber bau
ein haus aus licht
aus lebendigen steinen
(07.06.2021)

nahrung

glaube entflammte dich
hoffnung ernährte dich
liebe erhielt dich
schauung erweckte dich
zum leben

denkmal

ein denkmal für dich
ein mahnmal den anderen
sollte es werden

ist es nicht

das kreuz auf erden
die krone dort
oben am ewigen ort
die soll man loben.

jetzt

jetzt bist du fort
ob wir uns wiedersehen
ist im buch des lebens
aufgeschrieben davor
muss ich hinübergehen
durch das tor
wie du: durch leid und tod.

sterben

oh Gott

mama

der weg zum himmel
ist ein sehr schöner
weg

warum
holen sie
mich nicht

weil ich
sterben muss

oder ich bin
ein narr

M. L., 12.04.2021

Für meinen Sohn (1)

Wenn ich dich sehe, sieht
Ein Aug' im Auge mit,
Das ist die Liebe, die
Dich sieht; du siehst sie nie.

M. L., 16.3.1975

Für meinen Sohn (2)

In aller meiner Not
Kenn' ich doch ein Gebot:
Zu sagen, es ist Gott
In aller Not nicht tot.

Was aber Gott denn sei?
Ist er das Mancherlei?
Die Zwei, die Drei? Groß? Frei?
Ich weiß nur: er ist treu.

M. L., 16.3.1975

Für meinen Sohn (3)

Die Helle zwischen Tag und Nacht
Ist nicht ganz dunkel und nicht hell;
Traumzauber ist so, sanft und schnell,
Und hat doch auch im Wachen Macht.

So stehen zwischen Tag und Tod
Der Seele Zauberdämmerungen,
Sie halten Zeit und Gott verschlungen
Und sind nicht Zeit und sind nicht Gott.

Es sind die Bilder, die wir tragen
Vom erdenlosen Land da-neben,
Darin wir auch und über-leben,
Auch wenn wir's kaum zu sagen wagen.

M. L., 16.3.1975